BEI GRIN MACHT SICH
WISSEN BEZAHLT

- Wir veröffentlichen Ihre Hausarbeit,
  Bachelor- und Masterarbeit

- Ihr eigenes eBook und Buch -
  weltweit in allen wichtigen Shops

- Verdienen Sie an jedem Verkauf

Jetzt bei www.GRIN.com hochladen
und kostenlos publizieren

Wirtschaft und Gesellschaft. Wandel der Arbeitswelt, Diversity Management, neue Technologien als Motor in der Arbeitswelt

Eine kurze Darstellung

Julian Kornelli

Bibliografische Information der Deutschen Nationalbibliothek:

Die Deutsche Nationalbibliothek verzeichnet diese Publikation in der Deutschen Nationalbibliografie; detaillierte bibliografische Daten sind im Internet über http://dnb.d-nb.de abrufbar.

ISBN: 9783346338631
Dieses Buch ist auch als E-Book erhältlich.

© GRIN Publishing GmbH
Nymphenburger Straße 86
80636 München

Alle Rechte vorbehalten

Druck und Bindung: Books on Demand GmbH, Norderstedt Germany
Gedruckt auf säurefreiem Papier aus verantwortungsvollen Quellen

Das vorliegende Werk wurde sorgfältig erarbeitet. Dennoch übernehmen Autoren und Verlag für die Richtigkeit von Angaben, Hinweisen, Links und Ratschlägen sowie eventuelle Druckfehler keine Haftung.

Das Buch bei GRIN: https://www.grin.com/document/982768

Einsendeaufgabe

Wirtschaft und Gesellschaft

Alternative A

Modulverantwortlicher Hochschullehrer:

SRH Fernhochschule Riedlingen

Modul: Wirtschaft und Gesellschaft

Studiengang: Betriebswirtschaft und Management

Von: Julian Kornelli

30.11.2020

Inhaltsverzeichnis

Abkürzungsverzeichnis

B2B	Business-to-Business
B2C	Business-to-Customer
bspw.	beispielsweise
bzw.	beziehungsweise
ca.	circa
etc.	et cetera
PC	Personal Computer
sog.	sogenannte
u. a. m.	und andere mehr
z.B.	zum Beispiel

Abbildungsverzeichnis

1 Aufgabe A1: Wandel der Arbeitswelt

Über Jahrtausende war die Landwirtschaft der dominierende Wirtschaftszweig, bis im späten 18. Jahrhundert ausgehend von England die Industrielle Revolution einsetzte, in der zunehmend der Wandel der Produktion von der Handarbeit zur Maschinenarbeit erfolgte. Neue Arbeitsmaschinen und Arbeitstechniken ermöglichten Groß- und Massenfertigungen in Fabriken. Mit der Erfindung der Eisenbahn, der automatischen Baumwollspinnmaschine durch Samuel Crompton und der Dampfmaschine durch James Watt waren die Grundsteine für diese Entwicklung gelegt..[1] Das 20. Jahrhundert war geprägt von Massenproduktion und Massenkonsum, der sogenannten Industriellen Produktion, die in den 1950er Jahren ihren Höhepunkt erreichte und ab 1975 ihr Ende durch die weltweite Ölkrise und durch die Revolution der Mikroelektronik fand. Ausgehend von den westlichen Industriestaaten befand sich die Wirtschaft zu diesem Zeitpunkt in einem Strukturwandel, der gekennzeichnet war durch Rationalisierung, Abbau von industriellen Infrastrukturen und einem Rückgang der Beschäftigten in der direkten Produktion. Nicht gegenständliche Arbeitsleistungen gewannen immer mehr an Bedeutung und die Entwicklung weg von der Produktionsgesellschaft hin zu einer Dienstleistungsgesellschaft vollzog sich in einem rasanten Tempo.[2] Seither befindet sich die Welt der Wirtschaft in einem stetigen Wandel und es entstehen immer mehr Möglichkeiten für die Arbeitswelt, welche aber gleichzeitig auch Herausforderungen mit sich bringen, nicht zuletzt durch die Entwicklung hin zur Digitalisierung. Wichtigste Aufgabe für Wirtschaft und Unternehmen wird es zukünftig sein, die Wettbewerbs- und Innovationsfähigkeit unter den sich ändernden Bedingungen zu erhalten.[3]

In den 1930er Jahren wurde die **Drei-Sektoren-Hypothese** in der Volkswirtschaft durch die Wirtschaftswissenschaftler Allan G. B. Fisher und Colin G. Clark ausgearbeitet, welche eine Volkswirtschaft in drei Sektoren aufteilt:

---

[1] Vgl. Schieder, T. (1998), S. 130
[2] Vgl. Daum, T. (2015)
[3] Vgl. Kerkhoff, E. (2014), S.57

6

1. Primärer Sektor („**Urproduktion**"): Dieser Sektor umfasst alle Rohstoffe, die für eine Produktion benötigt werden, wie z.B. landwirtschaftliche Erzeugnisse.

2. Sekundärer Sektor („**Industrieller Sektor**"): Diesem Sektor wird das produzierende und verarbeitende Gewerbe zugeordnet.

3. Tertiärer Sektor („**Dienstleistungssektor**"): In diesem Sektor finden sich alle Dienstleistungen von Unternehmen und des Staates wieder.[4]

Folgende Abbildung soll nochmals die drei Sektoren in einem Liniendiagramm veranschaulichen, welches von 1850 bis 2010 den prozentualen Anteil der Erwerbstätigen zeigt:

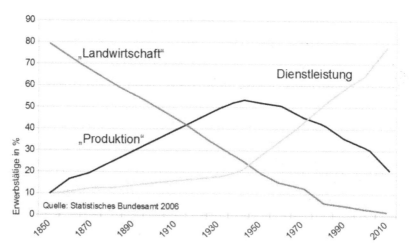

Abbildung 1: 3-Sektoren Modell

(Quelle: Internetportal. Zugriff am 04.11.20, Verfügbar unter https://www.wikiwand.com/de/Wissensgesellschaft)

Ausgehend vom Jahre 2010 lässt sich erkennen, dass nur noch 2% im Landwirtschaftssektor arbeiten, während es im verarbeitenden Gewerbe ca. 20% sind. Die Mehrheit der arbeitenden Bevölkerung ist demnach im

---

[4] Vgl. Geißler, R. (2004), S. 185

Dienstleistungssektor zu finden. Die Entwicklung begann in den 1970er Jahren, in der in fast allen westlichen Ländern Arbeitsplätze in der Industrie ab- und im Dienstleistungssektor aufgebaut wurden. Die Kurve der Dienstleistungen geht stetig aufwärts, steigt vom Jahre 1950 bis 2010 um ca. 60% an und findet 2010 erstmals ihren Höhenpunkt. Des Weiteren lässt sich feststellen, dass es eine kontinuierliche Schrumpfung des primären Sektors im letzten Jahrhundert gab. Bis zu den 1950ern stieg der sekundäre Sektor, danach allerdings kommt es zu einer stetigen Abnahme. Dieser Rückgang erklärt sich durch neue, effizientere Produktions- und Verarbeitungsmethoden und durch einen identischen oder gar höheren Output mit weniger Beschäftigten.

Durch die zunehmende Digitalisierung wird das klassische Drei-Sektoren-Modell von dem sog. „vierten Sektor" erweitert. Die Digitalisierung kann die digitale Umwandlung und Darstellung bzw. Durchführung von Informationen und Kommunikation oder die digitale Modifikation von Instrumenten, Geräten und Fahrzeugen meinen.[5] Der „Quartäre Sektor" grenzt sich ab und ist eine Folge der Heterogenität des Dienstleistungssektors. Er „[…] umfasst alle Tätigkeiten, die sich primär mit Informationen im weiteren Sinne, deren Sammlung und Verarbeitung befassen. Dazu zählen technische Berufe der Datenverarbeitung genauso wie Rechts- und Wirtschaftsdienste, die letztlich immer Informationen sammeln, verarbeiten und monetär bewerten. Der quartäre Sektor umfasst damit qualifizierte, entpersonalisierte und insgesamt "moderne" Dienstleistungen."[6] Hier wurden Ende der 1970ern neue Entwicklungen gemacht, wie der PC und später die Vernetzung über das Internet, was zu einem rasanten Geschwindigkeitszuwachs von Informationsbeschaffung und Informationsaustausch führte.

Gerade heutzutage kommt ein Unternehmen ohne Internet nicht mehr aus. Informationen können jederzeit abgerufen werden und das Internet bietet eine bessere Vernetzung von Lieferanten und Kunden, was zu mehr Wettbewerbsfähigkeit führt. Firmen verfügen nicht nur über ihre eigenen Websites, wodurch Kunden die Möglichkeit haben von zuhause aus bequem zu bestellen, sondern auch über die sozialen Netzwerke wie Facebook, Instagram

---

[5] Vgl. Bendel, O. (2015)
[6] Vgl. Demokratiezentrum Wien

oder Twitter, die sehr gut als digitale „Newsletter" zum Einsatz kommen. Durch diese Möglichkeiten kann die Profitabilität eines Unternehmens gesteigert werden.

Speziell die Anwendung von diesen modernen Informations- und Kommunikationstechnologien macht einen Teil der Globalisierung aus. Unternehmen müssen sich „globalisieren". Der Begriff „Globalisierung" lässt sich wissenschaftlich noch nicht einheitlich definieren, aber bezeichnet eine Verzahnung und Vernetzung über die natürlichen und staatlichen Grenzen hinaus. Hierbei geht es um einen grenzübergreifenden Prozess zur Angleichung verschiedenster Bereiche, wie z.B. Politik, Kultur, Wirtschaft oder Kommunikation. Drei wesentliche Aspekte lassen sich in der Fachliteratur ausmachen, die man auch als „Dimensionen der Globalisierung" definieren kann:

- Die wirtschaftliche Dimension
- Die soziokulturelle Dimension
- Die politische Dimension[7]

Unabhängig davon welche Definition zur Anwendung kommt, gemeint ist immer der Hinweis auf einen fortlaufenden Prozess des Phänomens Globalisierung. Es gibt kein konkretes Ziel und die Auswirkungen dieser Entwicklung können daher nicht vollständig erfasst werden. Der Begriff Globalisierung ist heutzutage fast allgegenwärtig und beschreibt die Summe von historischen Veränderungen eines bestimmten Zeitraumes und unterliegt keiner Gesetzmäßigkeit.[8]

Ein weiterer wichtiger Begriff, der immer wieder im Zusammenhang mit dem aktuellen Wandel der Wirtschaft zu tun hat, ist der Faktor „Work-Life-Balance". Hierbei ist die Verknüpfung von Interessen des Arbeits- und Privatlebens gemeint. Das Konzept von mehr Flexibilität und Individualisierung in der Arbeitswelt soll mehr Rücksicht auf die sozialen, familiären, kulturellen und sonstigen privaten Interessen nehmen. Unternehmen oder Firmen „[...] erhoffen sich davon positive Auswirkungen auf Motivation, Leistungsfähigkeit und Gesundheit ihrer Mitarbeiter in Zeiten von einer alternden Gesellschaft, der Zunahme von berufstätigen Müttern mit Kindern sowie von neuen

---

[7] Vgl. Knoke, M. (2015), S. 21
[8] Vgl. Lorenz, N. & Bachlechner, M. (2009), S. 7

psychologischen Anforderungen durch sich verändernde Rahmenbedingungen."[9]

Der Leitsatz „Es ist besser, die richtige Arbeit zu tun (=Effektivität), als eine Arbeit nur richtig zu tun (=Effizienz)."[10], plädiert auf die richtige Arbeitswahl. Die Beschäftigten streben ein gesundes Gleichgewicht zwischen ihrer Arbeit und dem privaten Leben bzw. der Familie an. Eine gelungene Work-Life-Balance hat das Ziel, die Lebensqualität einer Person zu maximieren. Durch gutes Selbstmanagement und einer rein zeitlichen Balance geht es um die Maximierung positiver Erlebnisqualitäten und die Minimierung negativer Erlebnisqualitäten in verschiedenen Lebensbereichen.[11]

Unternehmen passen sich den Anforderungen und Wünschen ihrer Arbeitnehmer an. Diese Anpassung soll zu einer erhöhten Leistungsfähigkeit, einer gesteigerten Motivation und besserer Gesundheit führen. Beispielsweise werden neue Arbeitszeitmodelle von diversen Unternehmen angeboten, die zu einer Flexibilisierung der Arbeitszeit führen. Der sog. klassische „9-to-5-Job" gerät immer mehr in den Hintergrund und die neuen Arbeitszeitmodelle mit flexibleren Arbeitszeiten sind gefragter denn je, weil sie den Mitarbeitern eine bessere Work-Life-Balance ermöglichen.

Die Arbeitszeitmodelle können so individuell sein wie das Unternehmen selbst, das sie einführen möchte. Jedes Modell hat Vor- und Nachteile für den Arbeitgeber, dennoch möchte dieser die optimale Lösung für den Beschäftigten finden. Alle Modelle unterliegen neuen rechtlichen Rahmenbedingungen und wirken sich unterschiedlich auf die Wirtschaftlichkeit, die Gesundheit und die Familienfreundlichkeit aus. Bei der Erarbeitung von individuellen Lösungen muss dies immer berücksichtigt werden. Exemplarisch gibt es drei Basismodelle, die immer attraktiver geworden sind:

- **Gleitzeit:** Die Basis bildet eine Kernarbeitszeit, in der allgemeine Anwesenheitspflicht besteht. „Etwas später kommen und dafür später gehen oder umgekehrt" ist die Kernidee und die Gleitphase liegt vor und nach Beginn der Kernarbeitszeit. Gerade Arbeitnehmer, die in öffentlichen

[9] Vgl. Knoke, M. (2015), S. 115
[10] Vgl. Degenmann (2019)
[11] Vgl. Moser, K. (2007), S. 246

Verkehrsmitteln zur Arbeit kommen oder Familienmitglieder betreuen, profitieren von diesem Modell. [12]

- **Vertrauensarbeitszeit:** Hier spricht man von der Königsdisziplin flexibler Arbeiten. Gleichzeitig sind die Anforderungen des Vorgesetzten besonders anspruchsvoll. Die Beschäftigten können ihre Arbeitszeit selbstverantwortlich gestalten, ohne dass die Arbeitszeit kontrolliert wird. Wann und wo die Beschäftigten arbeiten, bleibt weitgehend ihnen überlassen. Der Fokus liegt hier auf der Erreichung der Ziele und der Erledigung der Aufgaben. [13]

- **Homeoffice:** Gerade in den jetzigen Zeiten mit dem „Coronavirus" nehmen die Unternehmen das Modell des Homeoffice wahr und die Mitarbeiter arbeiten von zuhause aus. Mit der Digitalisierung und der Verbreitung von Smartphones, Internet, Laptops etc. eröffnet sich die Möglichkeit, die meiste Arbeit von jedem Standort aus zu erledigen. Die Firmen können trotzdem auf ihre Beschäftigten zurückgreifen und somit den Betrieb fortsetzen. Dies kann bspw. Pendelzeiten ersparen und die Arbeitnehmer können konzentrierter arbeiten oder private Aufgaben besser mit ihrer Arbeit vereinbaren. [14]

Abschließend lässt sich feststellen, dass sich durch die technischen Möglichkeiten im Bereich der Informations- und Kommunikationstechnologie auch die Art der Arbeit in vielen Bereichen verändert hat. Die physische Präsenz des Mitarbeiters rückt immer mehr in den Hintergrund. Speziell die Dienstleistungsbereiche beim klassischen Bürojob werden durch das Homeoffice ersetzt. [15]

Die Unternehmen halten Konferenzen auch mittels Internet über Webcam und virtuellen Meeting-Räumen, um Besprechungen abzuhalten und gemeinsam wichtige Maßnahmen zu erarbeiten, was Zeit und Aufwand sparen kann.

Gerade in der Corona-Pandemie, wie oben bereits erwähnt worden ist, haben Homeoffice und Digitalisierung an Wichtigkeit zugenommen, weil sie normale Arbeitsabläufe ermöglichen und die Pandemie in vielen Fällen mit geringen

[12] Vgl. arbeitszeit.hessen -Gleitzeit (2016)
[13] Vgl. arbeitszeit.hessen – Vertrauensarbeitszeit (2016)
[14] Vgl. arbeitswelt.hessen – Homeoffice (2016)
[15] Vgl. Rensmann, J.H. & Gröpler, K. (1998), S. 45

Verlusten zu überstehen ist. Zukunftsweisend wird das Konzept des Homeoffice generell eine bedeutsame Maßnahme in den Unternehmen auch nach Ende der Corona-Pandemie sein.

2 Aufgabe A2: Diversity Management

Im Deutschen wird „Diversity" mit Vielfalt, Unterschiedlichkeit oder Verschiedenartigkeit übersetzt.[16] Das englische Wort „Management" bedeutet Führung, Leitung und Verwaltung. Der Begriff **Diversity Management** hat seinen Ursprung in den USA und es handelt sich hierbei um eine Systematik, mit der personellen und sozialen Vielfalt in einem Unternehmen umzugehen bzw. um das Vielfaltsmanagement.[17] Diversity Management ist im Bereich des Personalwesens anzufinden und das Hauptaugenmerk liegt darauf, Nutzen aus den unterschiedlichen individuellen Kompetenzen, Haltungen, Eigenschaften und kulturellen Hintergründen des Personals zu ziehen.[18] Die Vielfalt und Verschiedenheit der Mitarbeiter in einem Unternehmen erstreckt sich über mehrere Bereiche wie z.B. Alter, Geschlecht, Religion, kulturelle Herkunft, Religionszugehörigkeit, Behinderung oder sexuelle Orientierung.[19] Diversity Management versucht Chancengleichheit für alle Gruppen der Mitarbeiter im Unternehmen herzustellen, um etwaiger Diskriminierung oder Mitarbeitergruppen mit „Minderheitsstatus" die Grundlage zu entziehen. Im Vordergrund ist hier nicht die jeweilige Mitarbeitergruppe, sondern die Gesamtheit der Mitarbeiter in ihren Unterschieden und Gemeinsamkeiten. Chancengleichheit soll aufgrund der Eigenschaften keine Benachteiligungen mit sich bringen.[20]

Die gesellschaftliche Veränderung zwingt die Unternehmen in die Notwendigkeit, Diversity Management anzuwenden. In Unternehmen ist dies kein neues Thema,

---

[16] Vgl. Lies, J. (2018)
[17] Vgl. Franken, S. (2015), S. 38
[18] Vgl. Lies, J. (2018)
[19] Vgl. Franken, S. (2015), S. 25-26
[20] Vgl. Kerkhoff, E. (2014), S. 78

denn in den 1950er Jahren während des „deutschen Wirtschaftswunders" stieg die Vielfalt in den Firmen rasant an. Nach dem Zweiten Weltkrieg wurden Arbeitskräfte speziell aus der Türkei bzw. Süd- und Osteuropa angeworben, da die Unternehmen nicht genügend über inländische Arbeitskräfte verfügten und diese den rasanten Anstieg der Wirtschaft mitgestalten sollten. Zu dieser Zeit wurde wenig Rücksicht auf Kultur und Gebräuche der Gastarbeiter genommen, da diese nach Beendigung ihrer Arbeit das Land wieder verlassen sollten. Diese Absicht hatte auch enorme Auswirkungen auf die Bezahlung und Behandlung der Arbeitskräfte, denn inländische Mitarbeiter wurden im Vergleich zu ausländischen Mitarbeitern bevorzugt und besser bezahlt.

Es lässt sich feststellen, dass dieses Ungleichheit heutzutage in den Unternehmen fast gar nicht mehr vorkommt. Beispielsweise hat sich Deutschland in der Vielfalt der Gesellschaft außerordentlich weiterentwickelt und Nationen, Religionen, Kulturen und Traditionen treffen im heutigen Arbeitsleben wie selbstverständlich aufeinander. „Aktuell sind 8,8% der Einwohner in Deutschland Ausländer, und insgesamt 20% haben einen Migrationshintergrund."[21] Daraus erschließt sich, dass Deutschland mittlerweile multikulturell ist. Die individuellen Verschiedenheiten bringen neue Perspektiven sowie neues Wissen in die Organisation und dadurch wird die Kreativität bzw. Innovationskraft gestärkt. Man versucht hier gezielt die Kompetenzen einzelner Mitarbeiter in eine Synergie zu bringen. Eigenschaften wie das Alter, das Geschlecht, der ethnische Hintergrund, die Religion, die Bildung und Erfahrungen etc. sind wichtige Faktoren.

„Insgesamt ist Diversität in ihren Instrumenten nicht neu und so umfangreich wie sie sich aus organisatorischen, prozessualen, kulturellen und individuellen Aspekten der Vielfalt ergibt. Sie reicht von Aspekten des Gender-Managements wie der Förderung von Frauen zur Erlangung von Führungspositionen (Geschlechter-Diversität), der Bereitstellung von Betriebskindergärten für Mitarbeiter mit Familie, Programmen zur Bindung älterer Mitarbeiter (Alters-Diversity), der Einrichtung von Arbeitsplätzen für Menschen mit Behinderungen, Konzepten zur Balance von Arbeit und Freizeit (Work-Life-Balance) bis in das

---

[21] Vgl. Kerkhoff, E. (2014), S. 48

internationale Kulturmanagement etwa mit dem Aufbau interkultureller Verhandlungskompetenz."[22]

Heutzutage ist zu beobachten, dass eine gute Bezahlung für die Arbeit, die Mitarbeiter leisten, oft nicht mehr ausreichend ist. Oftmals kann ein transparentes Beurteilungssystem mit angemessener Bezahlung zu einer höheren Mitarbeiterbindung und -zufriedenheit führen, dennoch sind weitere Motivatoren für die Mitarbeiter notwendig, auf welche sich die Unternehmen immer mehr einstellen müssen. Durch die immer größer werdende Bandbreite an Eigenschaften und Fähigkeiten können sich Fachkräfte teilweise zwischen mehreren Stellen entscheiden. Folgende Motivatoren sind wichtig, um Bewerber für sich zu gewinnen:

Motivatoren:

- Positives Unternehmensimage
- Job-Enrichment („Arbeitsbereicherung")
- Job-Enlargement („Arbeitserweiterung")
- Incentives („Anreize")

Anreize („Incentives") sollen die Mitarbeiter motivieren und die Leistungsbereitschaft für das Unternehmen erhöhen. Im besten Fall mündet dies in einer Steigerung der Zielerreichung und des Unternehmenserfolgs. Incentives können unter anderen Vorteilen sein:

- Firmenhandy bzw. -wagen, auch mit privater Nutzung
- Gutscheine für bspw. Hotels, Tanken
- Lob und Anerkennung
- Betriebliche Altersvorsorge
- Weiterbildungsmöglichkeiten
- Vergütungen wie z.B. Gehaltssteigerungen, Boni, Prämien

Die Anreize werden dann von den Arbeitgebern und dem Vorstand vergeben. Ziel ist es, nicht nur kurzfristige Motivation und idealerweise kurzfristigen Erfolg zu bringen, sondern auch mittel- bzw. langfristig die Mitarbeiterbindung zu erhöhen.

---

[22] Vgl. Lies, J. (2018)

14

Job-Enrichment soll eine Maßnahme der Arbeitsgestaltung bezeichnen. Der Arbeitnehmer bekommt anspruchsvolle Aufgaben zugewiesen und ihm wird ein höheres Maß an Entscheidungsfreiheit gewährt. Der Zweck soll die persönliche und professionelle Weiterentwicklung des Arbeitnehmers sein.[23] Job-Enlargement ist das Gegenstück. Der Begriff bezeichnet eine Maßnahme der Arbeitsgestaltung. Der Arbeitnehmer bekommt hier vor- und nachgewiesene Aufgaben und ihm wird eine höhere Tätigkeitsvielfalt gewährt. Hierbei ist das Ziel, die Monotonie und die Verringerung der horizontalen Arbeitsteilung zu vermeiden. Diese beiden Teilbereiche der Arbeitsgestaltung werden als Job Rotation angesehen.[24]

Abschließend ist für die Mitarbeiter oder Bewerber das positive Image oder der „gute Ruf" eines Unternehmens von großer Bedeutung. „Für die Unternehmen bedeutet die Verbesserung der Work-Life-Balance ihrer Beschäftigten die Chance, durch geringere Fluktuations- und Abwesenheitsquoten Motivation und Produktivität zu steigern sowie durch langfristige Bindung der Mitarbeiter ein nachhaltiges Unternehmenswachstum zu erzielen und damit letztendlich ein positives Image für die Stakeholder zu kultivieren. Für die Beschäftigten heißt eine gelungene Work-Life-Balance, dass ihre Arbeits- und Lebensziele besser miteinander vereinbar sind, indem bspw. Phasen der Qualifizierung, der Familiengründung, gesellschaftliches Engagement, Auslandsaufenthalte u. a. m. mit kontinuierlicher Erwerbsarbeit kompatibel sind."[25] Dadurch sollte der Arbeitgeber in der Lage sein, dem Arbeitnehmer eine angemessene Work-Life-Balance bieten zu können. Was bringt einem ein Job mit überdurchschnittlichem Gehalt, einer Vielzahl von Incentives und viel Gestaltungsspielraum, wenn die Zeit nicht mehr für die Familie und sich selber da ist? Es geht heutzutage schon lange nicht mehr nur um viel Geld und guten Wohlstand. Die Mischung von Selbstbestimmung, Selbstverwirklichung, Familie und Geld nehmen heute immer mehr eine wichtigere Rolle im Leben ein.

---

[23] Vgl. timetac
[24] Vgl. timetac
[25] Vgl. Kerkhoff, E. (2014), S. 81

3 Aufgabe A3: Neue Technologien als Motor in der Arbeitswelt

Die Arbeitswelt und Wirtschaft werden maßgeblich von neuen Technologien beeinflusst. Durch sie sollen Faktoren und Arbeiten wie z.b. im Automobilsektor, in der Bauwirtschaft oder im Gesundheitswesen effektiver und effizienter gestaltet werden. Für die neu- oder weiterentwickelten Techniken und Methoden zum Abbau von Rohstoffen und zur Produktion von Gütern werden meist neue Werkstoffe und Maschinen gebraucht. Durch die Entwicklung, den Bau und die Wartung der Maschinen entstehen gleichzeitig neue Arbeitsplätze bzw. Berufe.

Heutzutage ist speziell der Einsatz des Computers ausschlaggebend, um eine weltweite Vernetzung mittels des Internets zu ermöglichen. Dies hat den Vorteil, dass Kommunikation, die jederzeitige Verfügbarkeit und der Austausch von Informationen erheblich beschleunigt werden. Die zeit- und ortsunabhängige Abwicklung von Transaktionen ist ein weiterer entscheidender Faktor bei der Entwicklung von neuen Technologien.[26] An diese Heraus- und Anforderungen müssen sich die Mitarbeiter anpassen und ihre Eigenschaften und Fähigkeiten modifizieren. Es gibt sog. „Hard Skills" und „Soft Skills" der Mitarbeiter. Als Skills werden die Fähigkeiten und Kompetenzen der Mitarbeiter verstanden. Die „Hard Skills", welche für die Arbeitsausführung an sich wichtig sind, wie bspw. Fachwissen, Fremdsprachen oder Methodenkompetenzen werden immer unbedeutsamer während die „Soft Skills", was Metakompetenzen wie persönliche und soziale Kompetenz, Empathie oder Kommunikations- oder Teamfähigkeit sein können, immer mehr an Bedeutung gewinnen. Die „Hard Skills" können erlernt werden, gleichzeitig ist bei den „Soft Skills" eine gewisse Grundlage nötig, welche trainiert oder ausgebaut werden kann.[27]

E-Business wird immer wichtiger, da es nahezu fast alle Branchen und Produkte betrifft. E-Business bezeichnet in der Regel Prozesse im Unternehmen, die auf Basis des Internets oder durch Intra- und Extranets mittels elektronischer Unterstützung abgewickelt werden. Bereiche wie E-Commerce und M-

---

[26] Vgl. Ahlert, D & Becker, J. & Kenning, P. & Schütte, R. (2001), S. 166
[27] Vgl. Kolb, M. (2008), S. 483

Commerce im Rahmen der Kundenbeziehungen, Telearbeit, Informations- und Wissensmanagement im innenorganisatorischen Ablauf oder die Nutzung von Einkaufsplattformen im Rahmen der Lieferantenbeziehungen zählen dazu. E-Business koordiniert und steuert die verschiedenen Teilbereiche geschäftlicher Aktivitäten und kann als Oberbegriff verstanden werden.[28]

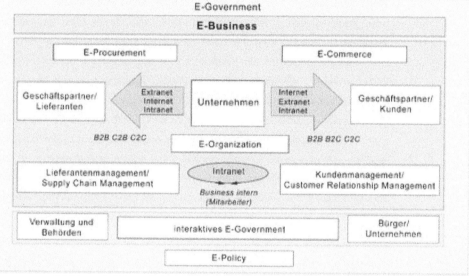

Abbildung 2: Wesentliche Inhalte des E-Business

(Quelle: Internetportal. Zugriff am 23.11.20, Verfügbar unter https://www.google.com/search?q=e-business&source=lnms&tbm=isch&sa=X&ved=2ahUKEwiC6Pysh5ntAhWJ5OAKHdjwB6cQ_AU oAXoECB4QAw&biw=1680&bih=907#imgrc=89BhEe8iQZk9eM)

E-Procurement, E-Commerce und E-Organization sind übergreifende Themenbereiche. Hinzukommen Supply-Chain-Management sowie Costumer-Relation-Management, welche im nachfolgenden erläutert werden und auf deren potenzielle Risiken und Konflikte eingegangen wird.

---

[28] Vgl. Knocke, M. (2015), S. 48

E-Producements bezeichnen „den elektronischen Einkauf von Produkten oder Dienstleistungen durch ein Unternehmen über digitale Netzwerke. Damit erfolgt eine Integration innovativer Informations- und Kommunikationstechnologien zur Unterstützung bzw. Abwicklung von operativen, taktischen und strategischen Aufgaben im Beschaffungsbereich. Das E-Procurement stellt dabei im Prinzip einen Sammelbegriff für die elektronisch unterstützte Beschaffung dar, ohne dass jedoch eindeutig definiert werden kann, was genau alles darunter zu verstehen ist. Einigkeit herrscht in der Literatur allerdings darin, dass der Einsatz von Internettechnologien ein Kernelement solcher Konzepte darstellt."[29] Ein immer leichterer Preisvergleich ist aufgrund der Transparenz möglich. Dies kann zum Preisdumping führen. Hier kommt es zum gegenseitigen Unterbieten der Anbieter, was zu einer Minderung der Güter und Dienstleistungen führen kann. Kunden haben auch die Option, Produkte aus anderen Ländern zu erwerben, in welchen ein geringeres Lohnkostenniveau herrscht. Folge dessen sind die einheimischen Unternehmen in der Pflicht die Lohnkosten anzupassen, um mit dem Wettbewerb auf gleicher Höhe sein zu können und die eigenen Produkte für Kunden zu einem angemessenen Preis verkaufen zu können.

E-Commerce ist das Gegenstück von E-Procurement. E-Commerce beschreibt den elektronischen Handel oder auch den Handelsverkehr im „World Wide Web", also im Internet. Hierbei zählt nicht nur der Kauf- und Verkaufsprozess zu dem Begriff, sondern auch etwaige Leistungen, die im Kundenservice oder zum Onlinebanking zählen. Der Fokus wird jedoch auf dem elektronischen Geschäftsverkehr in dem Bereich der B2C und B2B-Geschäfte gelegt.[30] Business-to-Business stellt Geschäftsbeziehungen zwischen Unternehmen auf verschiedenen Stufen der Wertschöpfungskette dar. Business-to-Consumer beschreibt die Beziehungen zwischen Unternehmen und dem Endkunden.[31] Falls das E-Commerce intakt sein sollte, kann die Gefahr bestehen, dass es zum Personalüberhang kommt. Des Weiteren führen Prozesse, die digitalisiert und automatisiert sind, zu einem geringeren Personalbedarf. Wenn die Überkapazität nicht natürlich abgebaut werden kann, sind aus wirtschaftlicher Sicht betriebsbedingte Kündigungen meist unumgänglich. Dieser Schritt führt in der

---

[29] Vgl. Kollmann, T. (2011), S. 63
[30] Vgl. Gründerszene (2019)
[31] Vgl. Schubert, P. (2000), S.4

Regel zu einem Imageverlust. Durch den einfachen Preisvergleich kann dies wie beim E-Procurement für die Qualität der Güter und Dienstleistungen als auch für die Mitarbeiter zu Nachteilen führen.

E-Organization konzentriert sich auf die elektronische Unterstützung der internen Kommunikation zwischen den Mitarbeitern eines Unternehmens mit Hilfe elektronischer Medien. Ziel ist es, die Unternehmensdaten zum richtigen Zeitpunkt in einer geeigneten Form beim Mitarbeiter verfügbar zu machen sowie möglichst viel Know-how und „tacit knowledge" der Mitarbeiter in Informationssystemen abzubilden."[32] In einem Betrieb ist die Digitalisierung einer Organisation mit Kosten verbunden. So entstehen zusätzliche Kosten, um den Mitarbeiter in den Technologieumgang einzuführen. Des Weiteren sollen Fehler und Unsicherheiten in der Arbeitsausführung verhindert werden, was über Weiterbildungsmöglichkeiten erreicht werden kann.

Supply Chain Management ist die integrierte prozessorientierte Planung und Steuerung der Waren-, Informations-, und Geldflüsse über die gesamte Wertschöpfungs- und Lieferkette (Supply Chain).[33] Diese geht von der Rohstoffgewinnung über die Veredelungsstufen bis hin zum Endverbraucher. Hersteller, Lieferanten Transportunternehmen, Lager, Einzelhändler und Kunden sind an einem dynamischen, aber konstanten Fluss von Informationen, Produkten und Geldern beteiligt.[34] Die Aufgabe von Supply-Chain Management ist die unternehmensübergreifende, prozessorientierte Planung und Steuerung der gesamten Wertschöpfungskette. Zielführend werden die Beziehungen mit den Lieferanten betrachtet, um Güterlieferungen, Geldströme und Informationsflüsse optimal gestalten und steuern zu können.[35] Um ein funktionierendes Supply Chain zu haben, ist es wichtig, dass geeignete Schnittstellen zum Informationsaustausch sowie der Informationsverarbeitung vorausgesetzt werden. Wenn Störungen in der Logistikkette vorkommen, sollten diese schnellmöglich behoben werden, um Verzögerungen zu vermeiden und das Vertrauen zwischen den Partnern der Supply Chain nicht zu schädigen.[36]

---

[32] Vgl. Marketing (2018)
[33] Vgl. Winterstein, F. & Michalek, R. & Hofmann, S. (2019)
[34] Vgl. Wellbrock, W. (2015), S. 28
[35] Vgl. Vgl. Winterstein, F. & Michalek, R. & Hofmann, S. (2019)
[36] Vgl. Vgl. Voigt, K.-I. & Lackes, R. & Siepermann, M. & Krieger, W. (2018)

Eine weitere wichtige Aufgabe im Supply-Chain Management ist das **Costumer-Relationship-Management**. Das Kundenbeziehungsmanagement ist als ein strategischer Ansatz, der zur vollständigen Planung, Steuerung und Durchführung aller interaktiven Prozesse mit dem Kunden genutzt wird, zu verstehen.[37] Es geht hier nicht um das einmalige Verkaufen an den Kunden, sondern systematische Ansätze der Informationsgewinnung und Datenspeicherung des Kunden und dessen Kaufverhalten sollen besser analysiert werden. Dies ermöglicht es, mit demselben Kunden über die Geschäftsbeziehung wiederholt Umsatz zu generieren. Das Unternehmen selbst, die Branche des Unternehmens und die Zielsetzung verfügen über die Entscheidungsmacht, welche Daten der Kunden im Costumer-Relationship-Management gespeichert werden sollen. Elektronische Systeme speichern und analysieren alle Daten digital. Das gesamte Costumer-Relationship-Management lässt sich in drei Bestandteile gliedern.

- Analytisches Costumer-Relationship-Management
- Operatives Costumer-Relationship-Management
- Kommunikatives bzw. kollaboratives Costumer-Relationship-Management[38]

Als Risiko kann die Speicherung der Kundendaten genannt werden, denn gesetzliche Regelungen des Staates setzen der Datenspeicherung Grenzen. Innerhalb der Europäischen Union sind die Regeln zur Verarbeitung personenbezogener Daten durch Unternehmen, Behörden und Vereine durch die Datenschutz-Grundverordnung vereinheitlicht.[39] Des Weiteren ist die notwendige Auskunft des Kunden über einen gewissen Sachverhalt entscheidend, da nichts ohne Zustimmung gespeichert werden darf und eine Analyse nur entsprechend durchgeführt werden kann, wenn alle Kundendaten gegeben sind. Der Betrieb muss die Datenschutz-Grundverordnung befolgen, ansonsten muss das Unternehmen mit hohen Bußgeldern rechnen.

Abschließend lässt sich erkennen, dass die heutige Arbeitswelt eine enorme Veränderung durchläuft, da neue Technologien in Wirtschaft und Gesellschaft

---

[37] Vgl. Holland, H. (2018)
[38] Vgl. Knoke, M. (2015), 62-63
[39] Vgl. Bendel, O. (2019)

ihren Einzug halten und daraus neue Möglichkeiten für Unternehmen resultieren. Um weiterhin den größtmöglichen Erfolg beibehalten zu können, sollten Unternehmen dennoch die genannten Risiken sowie eine Vielzahl weiterer Faktoren der Entwicklung neuer Informations- und Kommunikationsbereiche im Blick behalten.

Literaturverzeichnis

Ahlert, D. & Becker, P. & Kenning, P. & Schütte, R. (2001). Internet & Co. Im Handel, 2. Aufl., Berlin/Heidelberg

arbeitszeit.hessen – Gleitzeit (2016). Zugriff am 15.11.20, Verfügbar unter https://www.arbeitszeit-klug-gestalten.de/alles-zu-arbeitszeitgestaltung/arbeitszeitmodelle-im-ueberblick/gleitzeit/

arbeitszeit.hessen – Vertrauensarbeitszeit (2016). Zugriff am 15.11.20, Verfügbar unter https://www.arbeitszeit-klug-gestalten.de/alles-zu-arbeitszeitgestaltung/arbeitszeitmodelle-im-ueberblick/vertrauensarbeitszeit/

arbeitszeit.hessen – Homeoffice (2016). Zugriff am 15.11.20, Verfügbar unter https://www.arbeitszeit-klug-gestalten.de/alles-zu-arbeitszeitgestaltung/arbeitszeitmodelle-im-ueberblick/homeoffice/

Bendel, Prof. Dr. O. (2019). Datenschutz Grundverordnung (DSGV). Zugriff am 26.11.20, Verfügbar unter https://wirtschaftslexikon.gabler.de/definition/datenschutz-grundverordnung-99476/version-370595

Bendel, Prof. Dr. O. (2015). Digitalisierung. Zugriff am 05.11.20, Verfügbar unter https://wirtschaftslexikon.gabler.de/definition/digitalisierung-54195

Daum, T. (2015). Von der großen Industrie zur Informationsgesellschaft. Zugriff am 29.11.20, Verfügbar unter http://dasfilter.com/gesellschaft/von-der-grossen-industrie-zur-informationsgesellschaft-understanding-digital-capitalism-teil-3

Degenmann, K. (2019). Work-Life-Balance. Zugriff am 12.11.20, Verfügbar unter https://jaxenter.de/work-life-balance-7-stresskiller-workaholics-85094#:~:text=Drucker%20den%20Leitsatz%3A%20%E2%80%9CEs%20ist,und%20sorgt%20f%C3%BCr%20stressfreies%20Arbeiten.

Demokratiezentrum Wien – Quartärer Sektor. Zugriff am 05.11.20, Verfügbar unter http://www.demokratiezentrum.org/wissen/wissenslexikon/quartaerer-sektor.html

Franken, S. (2015). Personal: Diversity Management, Wiesbaden

Geißler, R. (2004). Die Sozialstruktur Deutschlands, 7. Aufl., Wiesbaden

Gründerszene – E-Commerce (2019). Zugriff am 24.11.20, Verfügbar unter https://www.gruenderszene.de/lexikon/begriffe/e-commerce

Holland, H. (2018): Gabler Wirtschaftslexikon. Customer Relationship Management (CRM). Zugriff am 26.11.20, Verfügbar unter URL: https://wirtschaftslexikon.gabler.de/definition/customer-relationship-management-crm-30809/version-254385

Kerkhoff, E. (2014). Gesellschaft im Wandel, Studienbrief der SRH Fernhochschule, 1. Aufl., Riedlingen

Knocke, Prof. Dr. M. (2015). Wirtschaft im Wandel, Studienbrief der SRH Fernhochschule, 1. Aufl., Riedlingen

Kollmann, T. (2011). E-Business – Grundlagen elektronischer Geschäftsprozesse in der Net Economy, 4. Aufl., Wiesbaden

Kovarik, M. (2013): Der Ruf der Generation nach „Easy Economy": Wie eine neue Arbeitnehmergeneration den österreichischen Arbeitsmarkt auf den Kopf stellen wird, Hamburg

Lies, Prof. Dr. J. (2018). Gabler Wirtschaftslexikon – Diversity Management. Zugriff am 16.11.20, Verfügbar unter https://wirtschaftslexikon.gabler.de/definition/diversity-management-53993

Lorenz, N. & Bachlechner, M. (2009). Was ist Globalisierung. Zugriff am 12.11.20, Verfügbar unter https://webapp.uibk.ac.at/ojs/index.php/historiascribere/article/viewFile/225/114

Marketing – E-Organization (2018). Zugriff am 26.11.20, Verfügbar unter https://marketing.ch/lexikon/e-organization

Moser, K. (2007). Wirtschaftspsychologie. Berlin, Heidelberg

Rensmann, J.H. & Gröpler, K. (1998). Ein praktischer Wegweiser. Berlin, Heidelberg

Schieder, T. (1998). Handbuch der europäischen Geschichte: Band 5, 2. Aufl., Stuttgart

Schubert, P. (2000), Einführung n die E-Business-Begriffswelt. In: Schubert, P./Wolfle, R. (Hrsg.). E-Business erfolgreich planen und realisieren. Case studies von zukunftsorientierten Unternehmen, München/Wien

Timetac – Job Enlargement. Zugriff am 18.11.20, Verfügbar unter https://www.timetac.com/de/zeiterfassungslexikon/job-enlargement/

Timetac – Job Enrichment. Zugriff am 18.11.20, Verfügbar unter https://www.timetac.com/de/zeiterfassungslexikon/job-enrichment/

Wellbrock, W. (2015). Innovative Supply-Chain-Management-Konzepte, Wiesbaden

Winterstein, F. & Michalek, R. & Hofmann, S. (2019). Zugriff am 26.11.20, Verfügbar unter https://www.mm-logistik.vogel.de/was-ist-supply-chain-management-definition-beispiel-ziele-a-614558/

Voigt, K.-I. & Lackes, R. & Siepermann, M. & Krieger, W. (2018). Gabler Wirtschaftslexikon. Supply Chain Management (SCM). Zugriff am 26.11.20, Verfügbar unter https://wirtschaftslexikon.gabler.de/definition/supply-chain-managementscm-49361/version-272597

BEI GRIN MACHT SICH IHR WISSEN BEZAHLT

- Wir veröffentlichen Ihre Hausarbeit,
  Bachelor- und Masterarbeit

- Ihr eigenes eBook und Buch -
  weltweit in allen wichtigen Shops

- Verdienen Sie an jedem Verkauf

Jetzt bei www.GRIN.com hochladen und kostenlos publizieren

Lightning Source UK Ltd.
Milton Keynes UK
UKHW010635080621
385138UK00002B/311